EL LIBRO DE NUDOS ÚTILES

CÓMO ATAR LOS 25 NUDOS MÁS ÚTILES
HECHOS CON CUERDA

SAM FURY

Ilustrado por
DIANA MANGOBA

Traducido por
THE URBAN WRITERS

NONFICTION
S F
BOOKS

ADVERTENCIAS Y EXENCIONES DE RESPONSABILIDAD

La información de esta publicación se hace pública solo como referencia.

Ni el autor, editor ni ninguna otra persona involucrada en la producción de esta publicación es responsable de la manera en que el lector use la información o el resultado de sus acciones.

ÍNDICE

GRACIAS POR TU COMPRA

Si te gusta este libro, deja una reseña donde lo compraste. Esto ayuda más de lo que la mayoría de la gente piensa.

Para encontrar más SF Nonfiction Books disponibles en español, visita:

www.SFNonFictionbooks.com/Foreign-Language-Books

Gracias de nuevo por tu apoyo,

Sam Fury, autor.

INTRODUCCIÓN

Cualquiera puede atar "muchos nudos", pero un nudo adecuado será más fuerte y fácil de desatar, y también ayudará a economizar cuerda ya que usará menos (muchos nudos usan más de lo necesario) y será menos probable que tengas que cortar los nudos ya que son más fáciles de desatar.

Existen muchos tipos de nudos, demasiados para que una persona promedio los recuerde, pero afortunadamente, no hay necesidad de recordarlos todos, ya que el sólo ser capaz de atar unos cuantos es suficiente y te servirá en cualquier situación en la que se necesite un nudo.

El Libro de Nudos Útiles es un libro práctico que habla sobre cómo atar los 25 nudos más útiles, viene con instrucciones ilustradas que son fáciles de seguir y consejos sobre cuáles son las situaciones ideales para usar cada uno de ellos.

TÉRMINOS PARA ATAR NUDOS

Se utilizará la siguiente terminología para facilitar la explicación al describir cómo se atan los nudos.

Seno

Cualquier curva que se encuentre entre los extremos de la cuerda que no se cruce sobre sí misma.

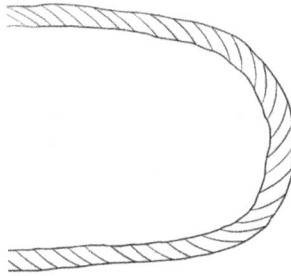

Punto de Cruce

El punto donde la cuerda se cruza sobre sí misma.

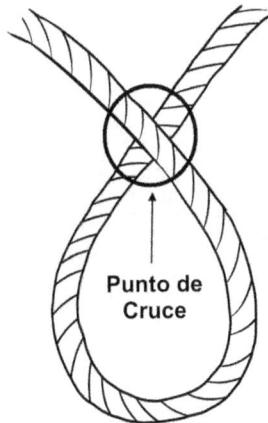

Carga

Se refiere al peso del objeto que se está asegurando, por ejemplo, si está tirando de un tronco, entonces el tronco es la carga.

Lazo

Similar a un seno, pero los extremos se cruzan, creando así un círculo cerrado.

Un lazo por arriba es cuando el chicote se encuentra encima de la parte superior de la parte fija o firme y un lazo por debajo es lo opuesto (la parte fija o firme se encuentra por encima del chicote).

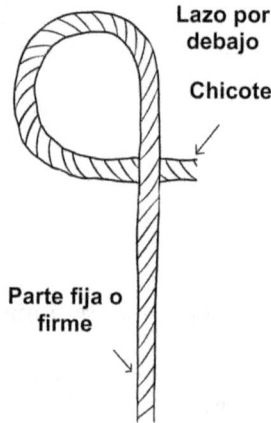

Lazo por debajo

Chicote

Parte fija o firme

Cuerda

Un término genérico utilizado en este libro que se refiere a la cuerda, soga, cordel, bramante, o cualquier material que se utiliza para atar un nudo.

Chicote

La parte de la cuerda utilizada para atar el nudo que también es conocida como extremidad

Parte Fija o Firme

La parte de la cuerda que no sea el chicote

Carga de Choque

La carga de choque ocurre cuando hay un aumento repentino en la carga y en tal caso, la carga será mucho más que el peso real del objeto; un ejemplo de esto es cuando un escalador cae y su peso carga repentinamente la cuerda.

Vuelta

Una sola envoltura de la cuerda alrededor de un objeto. Una vuelta redonda (en la foto) es donde el objeto está completamente rodeado.

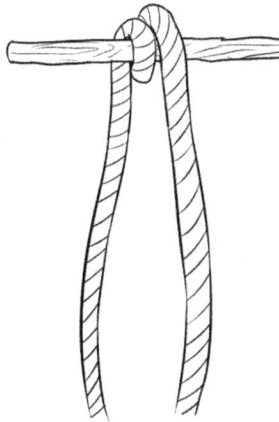

CUIDADO DE LA CUERDA

El cuidado adecuado de la cuerda prolongará la fuerza y la facilidad de uso de esta, las mismas reglas básicas se aplican si tiene cuerda de escalada de alta calidad o cordel hecho a mano de fibras vegetales.

Evitar el Deterioro

Hay muchas cosas que aumentarán el deterioro, por lo tanto, cuando sea posible, evite lo siguiente:

- Animales, ya que pueden morder y arañar la cuerda.
- Corrosivos como el cloro, los marcadores, los aceites, las pinturas, la gasolina y todos los demás productos químicos y corrosivos entren en contacto con la cuerda.
- Humedad, ya que las condiciones de humedad constante debilitan la estructura de la cuerda.
- Calor, puesto que cualquier tipo de calor extremo y/o prolongado daña la cuerda, como el fuego o la luz solar directa.
- La fricción porque puede calentar y cortar la cuerda; tenga en cuenta que el roce de la cuerda hará que esta se corte.
- Suciedad, ya que provoca que la cuerda se ponga rígida y quebradiza, por lo tanto, debe evitar dejar la cuerda directamente en el suelo y tener cuidado de pisarla.
- Bordes afilados, ya que estos cortarán la cuerda; tenga cuidado con el vidrio, metales, rocas, etc. Coloque algo entre la cuerda y cualquier borde afilado para protección, por ejemplo, coloque una alfombra sobre la roca que necesita para pasar la cuerda.

Prevenir que se Deshilache

Esto hace referencia a la protección de los extremos de la cuerda y básicamente existen dos maneras de prevenir este problema.

- Se funden los extremos de la cuerda.
- El falcaceado es un método que utiliza una cuerda más pequeña para atar las puntas de la cuerda,

es mejor que fundir, pero tarda más tiempo; una combinación entre falcaceado y fusión es el mejor método.

Método Clásico de Falcaceado

Hay algunas formas de ligar una cuerda y aquí tienes una que es simple y efectiva.

Pon tu cordel de falcaceado a lo largo de la cuerda y envuélvelo de cinco a diez veces de tal manera que este se mantenga en su lugar, luego haz un seno con la cuerda y luego continúa envolviéndolo de cinco a diez veces alrededor del seno y de la cuerda.

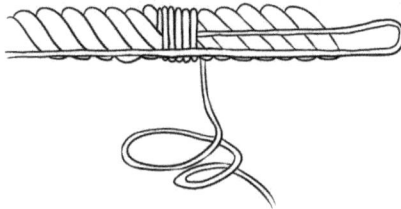

Pasa el extremo de la cuerda a través del seno y luego tira del otro extremo para que dicho seno quede firme y mirando hacia abajo, y así la cuerda quede asegurada.

Finalmente, recorta los extremos de la cuerda.

Limpieza

La limpieza periódica de la cuerda prolongará su integridad. Hazlo lavando a mano la cuerda con agua fría y jabón suave, enjuaga el jabón y sécalo al aire.

Evita la luz solar directa y no utilices ninguna fuente de calefacción artificial.

Desenrollar

Desenrollar es una buena forma de hacer que la cuerda esté lista para usar, ya que elimina los rizos y garantiza que se deslice sin problemas.

Primero, debes desatar cualquier nudo y para desenrollar la cuerda, debes tomar uno de los extremos y ponerlo en el suelo, luego tire el resto de la cuerda a través de su puño suelto y deje que caiga al suelo.

Enrollar o Plegado

Enrollar o plegar la cuerda la hace fácil de transportar, usar y almacenar, esto evitará que se enrede y se tuerza; hay varias maneras de enrollar la cuerda y aquí puedes encontrar un método bastante fácil que se adapta a diferentes longitudes, espesores y tipos de cuerda.

Primero desenrolla la cuerda como se describió anteriormente.

Debes sostener el extremo de la cuerda desenrollada en tu mano derecha, usa tu mano izquierda para envolver la cuerda alrededor de tu codo derecho y la palma de tu mano derecha.

Cuando te quedes sin cuerda, usa tu mano izquierda para juntar todos los pliegues en el centro.

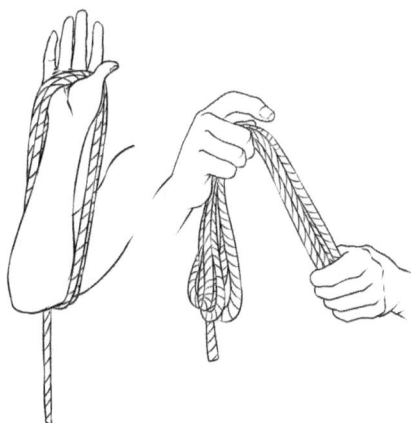

Luego dobla los pliegues por la mitad y usa el extremo suelto de la cuerda (no el extremo que sostuviste al principio) para envolver firmemente el montón de pliegues.

Para atarlo, mete el extremo de la cuerda debajo de la última envoltura que hiciste y jala fuerte.

Cuando quieras usar la cuerda, debes desatarla de la manera opuesta, es decir, desata, desenvuelve y desenrolla, esto evitará que se enrede. Para una cuerda más corta, envuélvela alrededor de tu mano en lugar de tu mano/codo.

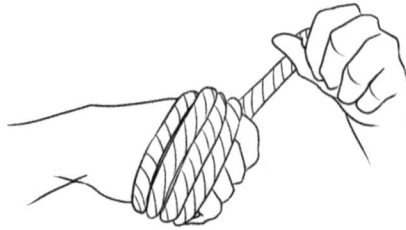

Asegúrala de la misma manera, aunque no es necesario doblarla por la mitad.

Almacenamiento

Una vez que la cuerda se haya enrollado, cuélgala en un área fresca y seca o colócala en una bolsa. Hay bolsas especiales para cuerda que puedes comprar, pero casi cualquier bolsa servirá si no necesita algo específico, como una bolsa de lanzamiento para rescate.

Por otra parte, puedes desenrollar la cuerda directamente en la bolsa y atar ambos extremos en las asas de la bolsa para que sean fáciles de ubicar.

Esto es bueno para tener un acceso rápido a las cuerdas al momento de usarlas como, por ejemplo, las cuerdas de rescate.

Inspección y Retiro

Retirar la cuerda significa considerarla inadecuada para su uso; para cuerdas fabricadas profesionalmente, la compañía a menudo da un uso recomendado, pero, a fin de cuentas, depende de ti.

Debes ser más estricto con las cuerdas que soportan peso, especialmente para cargas críticas (como un humano) e inspecciona la cuerda antes y después de cada uso. Busca marcas de desgaste, quemaduras, desgaste, etc.

También es importante tener en cuenta el historial de uso de la cuerda. Por ejemplo, si se ha sometido una gran carga de choque, es muy vieja, ha estado expuesta a corrosivos o ha sido mal almacenada, será más débil.

Capítulos Relacionados:

- Lazos

NUDOS

Aunque en realidad se puede utilizar cualquier nudo de la manera que desees, la mayoría están diseñados para tareas específicas, se agrupan en cinco grandes categorías y estas se presentarán de manera progresiva para facilitar el aprendizaje.

Los nudos de tope vienen primero porque a menudo se usan como un nudo base para atar otros nudos y también son más fáciles de atar; lo siguiente son los lazos, luego los enganches, las ligas o uniones y, finalmente, los amarres.

Nudos de Tope

Los nudos de tope son útiles para agregar peso a la cuerda, para usar como asideros (en una cuerda salvavidas, por ejemplo), para evitar que la cuerda se deslice a través de un agujero, para evitar que la cuerda cortada se deshilache, etc. cuando se atan alrededor de la parte fija o firme de una cuerda, también se pueden usar como respaldo para evitar que el nudo falle.

Lazos

Los lazos generalmente se hacen atando la cuerda a sí misma para crear un círculo cerrado y su uso principal es como puntos de fijación, como soportes para subir o para sujetar un mosquetón, por ejemplo.

Enganches

Los enganches son útiles para asegurar la cuerda a un objeto (un barco al embarcadero, por ejemplo) o alrededor de un tronco que desea arrastrar.

Ligas o Uniones

Las ligas o uniones se utilizan para unir dos o más longitudes de cuerda y pueden ser útiles para reparar cuerdas rotas o para crear una longitud más larga a partir de dos más cortas.

Amarres

El amarre se usa para unir objetos y es muy útil durante la construcción.

ELEGIR EL NUDO CORRECTO

Todos los nudos en este libro son útiles, pero siempre habrá uno que sea más útil, dependiendo de para qué lo necesites.

Para decidir qué nudo usar, debes considerar las características de cada uno, ya que el tener una característica buena generalmente significa comprometer otra, por lo tanto, debe encontrar el nudo con el mejor equilibrio de características para un trabajo determinado.

Llevar a Cabo el Trabajo

Debes elegir un nudo que cumpla con el propósito para el que se necesita, por ejemplo, un amarre será más efectivo para unir dos objetos que un nudo de lazo.

Seguridad

La seguridad de un nudo es su capacidad de permanecer atado y apretado, es decir, que no se deshace por sí solo; la presión constante (o la falta de ella), los golpes (en el viento o el agua), la vibración y otros movimientos pueden comprometer la seguridad de un nudo.

Por eso es lógico que elijas el nudo más seguro que puedas, pero recuerda que aumentar una característica disminuirá otras, por ejemplo, un nudo muy seguro puede ser muy difícil de desatar, lo que puede ser un problema si es necesaria una liberación rápida con relación al trabajo que necesita hacer.

Resistencia

Cada uno de los nudos que hagas debilitarán la integridad de la cuerda, algunos más que otros, por lo tanto, la resistencia del nudo se refiere a cuánto el nudo debilita la cuerda.

Cuando la tarea en cuestión (escalar, rescatar o arrastrar una carga, por ejemplo) requiere que la cuerda sostenga el peso y/o tome la carga de choque, esta característica se vuelve importante, especialmente si la cuerda especializada no está disponible.

Facilidad para Atar

Cuando algo debe ser atado rápida o repetidamente, entonces la facilidad para atar se vuelve más importante, ya que no quieres pasar cinco minutos atando un nudo que tienes que hacer más de una vez.

Facilidad para Desatar

Hay circunstancias en las que es posible que desee que el nudo sea fácil de desatar, como cuando quiere hacerlo rápidamente, pero sin cortar la cuerda. En otras ocasiones, es posible que desee que el nudo sea más difícil de desatar, como cuando desea dificultar que un animal se suelte o para evitar que otras personas puedan desatarlo fácilmente.

Otro factor es qué tan fácil que será desatar el nudo después de que este haya cumplido su objetivo, ya que algunos nudos están diseñados para ser fáciles de desatar incluso después de que se haya aplicado una tensión considerable, o después de que la cuerda se haya hinchado bajo el agua, o en ambos casos.

Capítulos Relacionados:

- Amarres

NUDOS DE TOPE

Los nudos de tope son útiles para agregar peso a la cuerda, para usar como asideros (en una cuerda salvavidas, por ejemplo), para evitar que la cuerda se deslice a través de un agujero, para evitar que la cuerda cortada se deshilache, etc. cuando se atan alrededor de la parte fija o firme de una cuerda, también se pueden usar como respaldo para evitar que el nudo falle.

Nudo por Encima

Este es el más simple de los nudos y es la base de muchos otros; un nudo por encima es difícil de desatar una vez que se aprieta.

Haz un lazo por encima tomando el chicote de la cuerda y pasándolo debajo de la parte fija o firme, luego pasa el chicote a través de dicho lazo desde adelante hacia atrás.

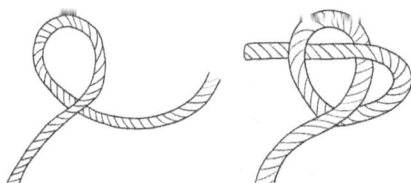

Tira de ambos extremos para apretar.

Este tipo de nudo se puede hacer más voluminoso al pasar más veces el chicote a través del lazo.

Pse la primera vuelta por el centro del nudo y al hacerlo dos veces se convierte en un nudo doble por encima, al hacerlo tres o más veces forma un nudo de sangre.

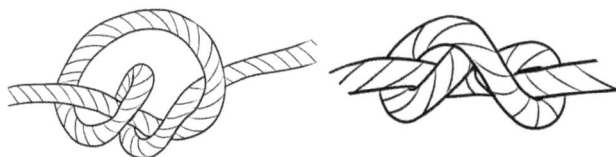

Ocho

Un nudo en forma de ocho puede hacer las mismas cosas que el nudo por encima, pero es mucho más fácil de desatar.

Comienza por hacer un lazo por encima que quede orientado hacia arriba, y luego hacer que el chicote pase de nuevo debajo de la parte fija o firme, luego pase nuevamente el chicote a través del primer bucle que hizo y tire de los extremos de cada uno para apretar el nudo.

Ocho de Liberación Rápida

Usted puede hacer el nudo en ocho de liberación rápida pasando otra vez el chicote a través del primer bucle antes de apretar el nudo, y para liberar el nudo, tire del chicote; esto también se puede hacer con el nudo por encima.

LAZOS

Los lazos generalmente se hacen atando la cuerda a sí misma para crear un círculo cerrado y su uso principal es como puntos de fijación, como soportes para subir o para sujetar un mosquetón, por ejemplo.

Nudo de Lazo por Encima

El nudo por encima también se puede utilizar para crear un lazo y funciona bien con el sedal o tanza, pero puede ser difícil de desatar; dobla la cuerda para hacer un seno, y luego ata un nudo en este.

As de Guía

Un as de guía es un lazo fijo que no se aprieta ni se desliza cuando es sometido a tensión y es bueno para atar alrededor de las cosas que desea asegurar/atar, como una balsa o una persona.

Comienza por sostener la cuerda en tu mano derecha, dejando la parte fija o firme hacia atrás y haz un lazo por encima de forma que quede orientado hacia la izquierda, luego pasa el chicote hacia arriba a través del lazo que hizo y posteriormente alrededor del final de la parte fija o firme.

Después se pasa el chicote por el punto de cruce y se pasa nuevamente a través del lazo inicial.

Para apretar el nudo, tire de la parte fija o firme y del chicote doblado en direcciones opuestas.

Puedes terminar el as de guía con un nudo de tope (por encima) atado de forma lateral al lazo.

Puedes practicar con objetos una vez que puedas atar la cuerda, ya que se cambia la orientación, por lo que se necesita práctica.

Nudo de Mariposa

El nudo de mariposa (también conocido como mariposa alpina o nudo del liniero) es útil para crear un nudo fijo en el medio de una cuerda. Es seguro, soporta cargas de forma segura en múltiples direcciones y sigue siendo relativamente fácil de desatar incluso después de una carga pesada.

Entre otras cosas, este tipo de nudo es muy bueno para acortar una cuerda o para descartar una sección dañada, ya que es preferible hacer esto que cortar una cuerda, debido a que una cuerda que fue reparada uniéndola tiene menos resistencia.

Haz un seno con la cuerda y gíralo dos veces en la misma dirección, por lo que tiene dos puntos de cruce y, por lo tanto, dos lazos.

Para facilitar la explicación, el lazo más alejado de los extremos de la cuerda será el lazo uno, y el que está entre los extremos de la cuerda y número uno se llamará lazo dos

Agarra la punta del seno del lazo uno y llévala más allá del punto de cruce del lazo.

A continuación, lleva la punta del lazo uno hacia arriba a través del lazo dos y, finalmente, tira de todos los extremos para apretar.

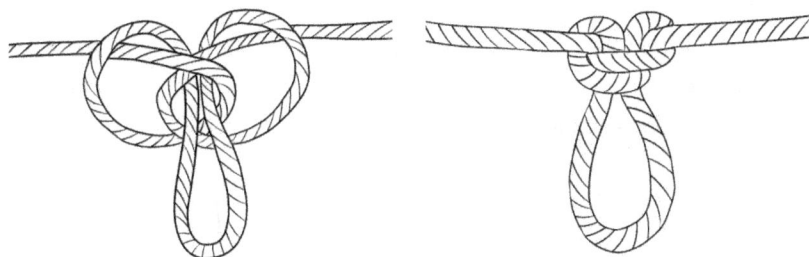

Lazo en Ocho

Al igual que el nudo por encima, el ocho se puede convertir en un lazo fijo haciendo el nudo en el seno y para apretarlo.

Tira de cada extremo suelto, es decir, del lazo, del chicote y de la parte fija o firme. Trabaja el nudo para que quede limpio y sin cruzar la cuerda, esto mantendrá el nudo fuerte y será más fácil de desatar.

Ocho Trenzado

Esta es una buena manera para atar a un lazo fijo y a menudo es utilizado por los escaladores, ya que es considerado más seguro que el as de guía.

Haz un ocho en la cuerda y asegúrate de dejar un chicote largo, posteriormente pásalo a través/alrededor de lo que quieras atar, luego utilízalo para trazar el camino del ocho inicial y debes jalarlo con fuerza de la misma forma que lo hiciste con el lazo en ocho.

ENGANCHES

Los enganches son útiles para asegurar la cuerda a un objeto (un barco al embarcadero, por ejemplo) o alrededor de un tronco que desea arrastrar.

Medio Cote

El medio cote es fácil de atar y fácil de desatar incluso después de una carga considerable, está diseñado para llevar la carga en el chicote, y debido a su simplicidad, es relativamente fácil trabajarlo suelto, pero para evitar esto, el medio cote se usa generalmente junto con otros nudos como, por ejemplo, lo más comunes, la vuelta redonda y los dos medios cote que utilizan tres nudos menos seguros para crear un nudo muy seguro que sigue siendo fácil de atar y desatar.

Algunos de los usos más comunes del medio cote por sí solo son como nudo de respaldo y gastar cualquier cuerda sobrante para que no obstaculice.

Para atar el medio cote, enrolla la cuerda alrededor del objeto, lleva el chicote hacia atrás y pásalo sobre la parte fija o firme, luego pasa el chicote a través del lazo por encima del punto de cruce creado.

En esta imagen, el medio cote está suelto, pero en uso real debe tirarse firme y repetidamente (dos medios enganches) para crear un nudo más seguro.

Nudo Clinch o Medio Nudo de Sangre

El nudo clinch es comúnmente usado como nudo de pesca, para atar un anzuelo (o señuelo, giratorio, etc.) a un sedal y funciona mejor con las que son más ligeras.

Introduce el chicote del sedal por el ojal del anzuelo y vuelve a hacerlo en la misma dirección para crear una vuelta redonda. Envuelve el chicote alrededor de la parte fija o firme al menos cuatro veces o más, preferiblemente; sostener los lazos debajo de tus dedos mientras haces las envolturas puede facilitar el trabajo.

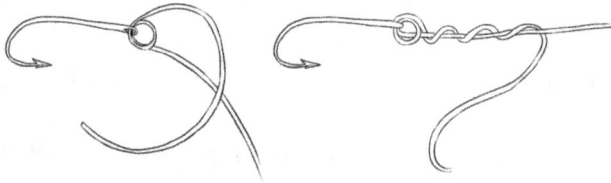

Introduce el chicote en los lazos que se formaron por la vuelta redonda y esto forma un segundo lazo más grande, luego introduce el chicote hacia abajo a través de este segundo lazo.

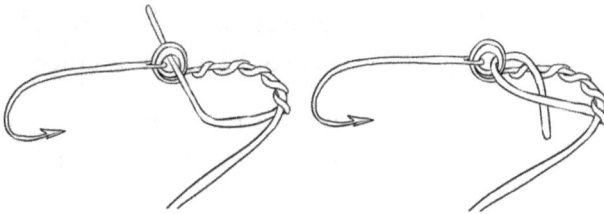

Aprieta el nudo, las envolturas cambiarán de posición y se aplastarán contra el ojal del anzuelo, y finalmente, recorta el extremo sobrante del chicote si es necesario.

Ballestrinque

Los ballestrinques son una base útil para muchos otros nudos (como los amarres) y también son buenos para atar por sí mismos.

Primer método para ballestrinque: Cuando la cuerda no está bajo tensión mientras la atas, y puedes deslizarla sobre tu objeto, puedes usar este método rápido formando dos lazos en la cuerda los cuales quedan mirando en sentido opuesto. Como se puede ver en la imagen de abajo; coloca el lazo derecho sobre el izquierdo, y luego coloca ambos lazos sobre el objeto para posteriormente separar el chicote y la parte fija o firme para apretar el nudo.

Segundo método de ballestrinque: Envuelve el chicote de la cuerda alrededor del objeto que desea atar, de modo que el chicote cruce la parte fija o firme, luego envuelve una vez más el chicote, posteriormente debes pasarlo por debajo de sí mismo y apretarlo fuerte como se mencionó anteriormente.

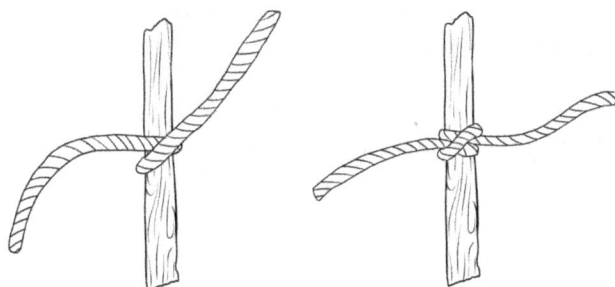

Nudo Constrictor

Al hacer un pequeño ajuste en la forma de atar el ballestrinque puedes crear el nudo constrictor. Solo debes atar el ballestrinque como en el segundo método, pero esta vez, pasa el chicote por debajo de la primera vuelta antes de apretarlo firmemente.

Este tipo de nudo es bueno usarlo cuando se trabaja con cuerda delgada y es considerado más seguro que el ballestrinque, pero es más difícil de desatar.

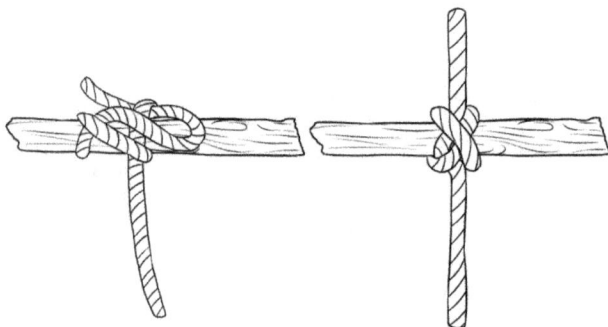

Enganche de Vaca

El enganche de vaca (también conocido como cabeza de alondra) no es un nudo muy seguro, pero es rápido de atar y útil cuando se hacen redes y otras construcciones de cuerda.

Para asegurarse de que no se suelte, se debe aplicar la misma tensión en ambos extremos.

Comienza formando un seno al doblar la cuerda y coloca dicho seno alrededor del objeto que deseas atar, luego pasa ambos extremos de la cuerda a través del seno que creaste y, finalmente, tira de ambos de manera firme.

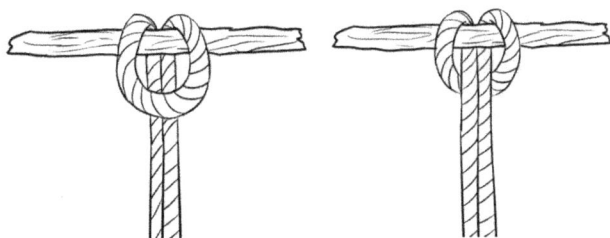

Enganche de vaca con cazonete: Esta variación es útil cuando los dos extremos están asegurados y solo el seno se puede pasar alrededor del objeto.

Debes pasar el seno alrededor del objeto y luego colocar un cazonete entre el seno y los chicotes para asegurarlo en su lugar.

Nudo de Rizo

Un nudo de rizo (también conocido como nudo cuadrado) es un buen nudo de unión que es fácil de atar y desatar.

Muchas personas pueden usarlo para unir dos cuerdas, aunque esto no se recomienda, especialmente si la cuerda va a soportar carga, ya que hay nudos de unión mucho mejores, que están diseñados específicamente para ese objetivo.

Para atar un nudo de rizo, debes colocar la cuerda alrededor del objeto que deseas atar, luego toma el extremo izquierdo, pásalo por encima del derecho partiendo desde abajo, y posteriormente métemelo debajo del extremo derecho. Ahora toma este nuevo extremo derecho, crúzalo sobre el extremo izquierdo, luego mételo por debajo y, finalmente, tira de las izquierdas y las derechas para apretar el nudo.

Una manera fácil de recordar esto es con la fórmula "izquierda sobre derecha y por debajo, derecha sobre izquierda y por debajo."

Nudo de Cirujano

Una variación del nudo de rizo es el nudo del cirujano, que es más seguro. Para atar este tipo de nudo debe hacer un giro adicional al atar la parte "izquierda sobre derecha", esto mantiene el nudo en su lugar mientras atas el resto del nudo; también puede hacer un giro adicional en la parte "derecha sobre izquierda" para que sea aún más seguro.

Vuelta Redonda y Dos Medios Cotes

Este nudo es rápido de atar y muy seguro, aunque también es bastante fácil de desatar, incluso cuando es sometido a mucha presión.

Para crear la vuelta redonda, enrolle el chicote de la cuerda alrededor de su objeto para que la cuerda lo rodee completamente.

Ata un medio cote al pasar el chicote por detrás de la parte fija o firme, luego haz una vuelta alrededor de esta esa última, y posteriormente debes pasarlo a través del espacio que se formó entre el chicote y la parte fija o firme.

Finalmente, crea un segundo medio cote de la misma manera, asegurándote de que esté debajo del primer medio cote y tira de ambos extremos para apretar.

Vuelta de Braza

La vuelta de braza es útil para asegurar cualquier objeto cilíndrico, como un tronco de madera. Es seguro cuando se somete a tensión, pero sigue siendo fácil de desatar incluso después de soportar una carga y es ideal para tirar de objetos grandes, también es útil para unir la cuerda en un arco largo, así como en algunos instrumentos, como guitarras.

Comienza enrollando la cuerda alrededor del objeto, luego pasa el chicote por debajo de la parte fija o firme y después pásalo nuevamente por encima de esta.

Envuelve el chicote alrededor de sí mismo (entre la cuerda y el objeto) tres o cuatro veces y apretando fuerte.

Al usar la vuelta de braza para transportar/levantar algo, puede agregar algunos medios cotes hacia el extremo de arrastre, esto mantendrá la carga de forma recta mientras la jalas.

Variación de la Vuelta de Camionero

La vuelta o nudo de camionero es un sistema de tensión simple que es ideal para asegurar una carga en un vehículo, sostener un techo, hacer que una tienda de campaña sea súper ajustada, etc.

Hay algunas maneras de hacer este tipo de nudo y este método utiliza una combinación de nudos que ya han aparecido en este libro.

Asegura un extremo de la cuerda (puede usar ballestrinque, vuelta redonda y dos medios cotes, as de guía, etc.) a lo que estás atando la carga y envuelve el chicote sobre él, o los objeto(s) que deseas asegurar, y luego haz lo mismo por abajo.

Forma un lazo fijo, como un nudo de mariposa, a unos dos tercios de esta línea y pasa el chicote por debajo de un punto seguro y luego retrocede a través del lazo fijo que hiciste.

Finalmente, tira hacia abajo tanto como sea posible para apretar la carga en dicha dirección, y luego ata la cuerda sobre sí misma con un par de medios cotes.

Capítulos Relacionados:

- Amarres
- Lazos
- Términos para Atar Nudos

LIGAS O UNIONES

Las ligas o uniones se utilizan para unir dos o más longitudes de cuerda y pueden ser útiles para reparar cuerdas rotas o para crear una longitud más larga a partir de dos más cortas.

Unión de Ocho Doble

La unión de ocho doble es una forma bastante fácil y segura de unir dos cuerdas; también es bueno para hacer un nudo prusik, que se puede usar para ascender. Es mejor hacerlo con cuerdas del mismo ancho, especialmente si sostendrá una carga crítica.

Ata un ocho suelto al final de una de las cuerdas, sigue el camino del ocho inicial con la otra cuerda, como lo harías con un ocho trenzado y asegúrate de que no haya ningún cruce en la cuerda y que los extremos queden mirando en sentidos opuestos, finalmente, tira de todos los extremos para apretar.

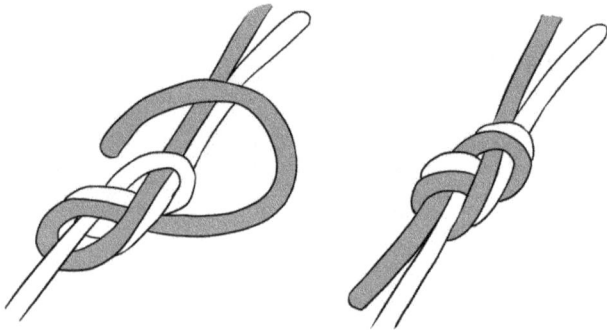

Vuelta de Escota

La vuelta de escota es una forma rápida de unir dos cuerdas. Para esto debes formar un seno en una de las cuerdas y pasar el chicote de la segunda cuerda a través del seno para que se enrolle sobre la parte superior de la primera cuerda y debajo de sí misma, finalmente, aprieta la vuelta alejando ambos extremos de la primera cuerda del chicote de la segunda cuerda.

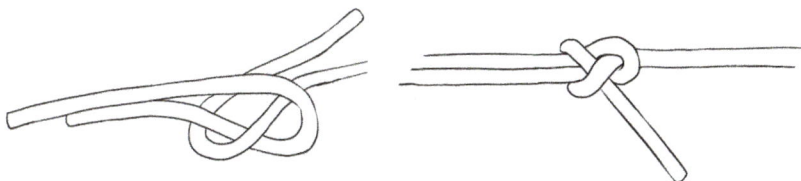

Vuelta de Escota Doble

La vuelta de escota doble se puede usar cuando desea más seguridad, como, por ejemplo, cuando la tensión en la cuerda será intermitente, cuando la cuerda esté mojada y/o cuando las cuerdas que está utilizando son de un grosor diferente.

Hacer este tipo de vuelta es lo mismo que hacer una vuelta de escota normal, excepto que debes enrollar la segunda cuerda alrededor de la primera una segunda vez antes de meterla debajo de sí misma y cuando uses cuerdas de un grosor diferente, debes hacer que la cuerda más delgada sea la segunda.

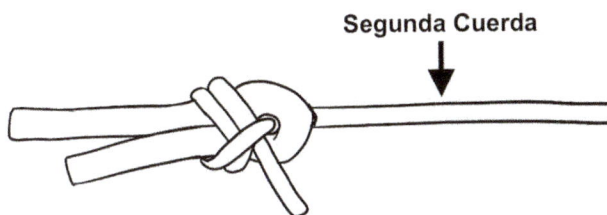

Segunda Cuerda

Capítulos Relacionados:

- Lazos
- Ascenso

AMARRES

El amarre se usa para unir objetos, es muy útil durante la construcción y, para este tipo de amarres, deberás tener un chicote bastante largo.

Amarre Cuadrado

El amarre cuadrado se utiliza para mantener postes juntos en un ángulo de 90°. Para hacerlo, coloca dos postes juntos en una cruz, de modo que el vertical esté encima del horizontal. Ata un balles-trinque en el poste vertical, debajo del horizontal, luego pasa el chicote por debajo del polo horizontal (en el lado derecho del polo vertical), luego sobre el vertical (en el lado superior del polo horizon-tal), posteriormente, pasa el chicote por debajo del polo horizontal en el lado izquierdo, y tira de él firmemente, de modo que el balles-trinque se deslice hacia el lado derecho del polo vertical.

Continúa pasando la cuerda sobre las verticales y luego debajo de las horizontales, moviéndose en sentido contrario a las agujas del reloj. Finalmente, tira de cada pase a medida que avanzas y haz tres rotaciones completas.

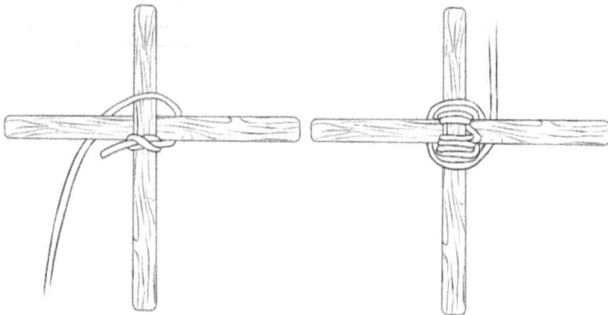

El extremo largo de la cuerda debe terminar debajo del lado derecho del poste horizontal, luego vuelve a pasarlo sobre la parte delantera del polo horizontal, y posteriormente detrás del extremo inferior del polo vertical, a esto se le llama "estrangular" o "ahorcar" la cuerda. Debes apretar fuerte.

Pasa sobre el lado izquierdo del poste horizontal y luego por debajo del lado superior del vertical, y tira de la cuerda con fuerza, esta sería la primera estrangulación o ahorcamiento y debes hacer un total de tres de estas para luego hacer un ballestrinque en la parte inferior del poste vertical.

Al hacer el ballestrinque, asegúrate de tirar de la primera mitad del medio cote antes de hacer el segundo.

Recorta cualquier exceso y/o colócalo debajo del amarre.

Amarre Diagonal

El amarre diagonal se puede utilizar cuando los postes no se cruzan en ángulo recto; también es útil cuando los postes necesitan ser jalados mutuamente para atar.

Cruza dos polos uno encima del otro y ata un nudo de cirujano alrededor de ellos horizontalmente, de modo que el chicote esté a la derecha. Luego pasa nuevamente este último por detrás de los postes, para que quede en el lado izquierdo y pasa el chicote horizontalmente sobre y debajo de los postes apretando fuerte.

Debes hacerlo tres veces y el chicote debe terminar en el lado izquierdo. Pasa sobre el poste inferior izquierdo y luego debajo de la cruz, para que se encuentre con la parte superior de forma vertical apretando fuerte.

Haz tres giros verticales, después tira fuerte de cada uno y, finalmente, el chicote debe terminar hacia abajo.

Haz algunas vueltas de estrangulación pasando la cuerda debajo y luego sobre cada poste en sentido contrario a las agujas del reloj y manténlas apretado.

Haz tres rotaciones completas y termina con un ballestrinque y recórtalo si es necesario.

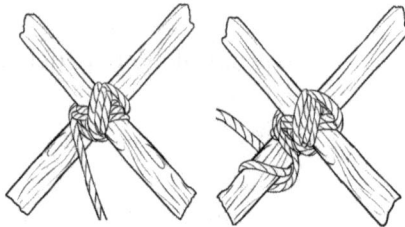

Amarre Paralelo

Un amarre paralelo es bueno para unir los postes en la misma dirección que tiene su nombre.

Para esto debe poner dos postes juntos uno al lado del otro para queden en posición horizontal y haga un ballestrinque alrededor de ambos postes, al lado izquierdo de donde pretendes hacer el resto del amarre.

Coloca el extremo corto en posición horizontal entre ambos postes a la derecha de su ballestrinque para que pueda amarrar sobre ellos.

Envuelve ambos postes con el chicote, tirando firmemente después de cada vuelta y haz las que sea necesarias para asegurarte de que el amarre sea de la misma longitud que el ancho de los dos polos.

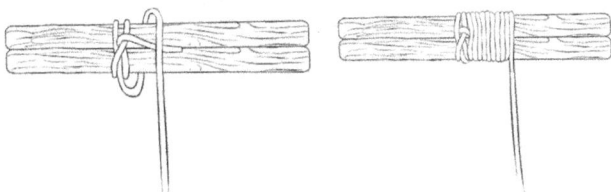

Haz vueltas de ahorcamiento/estrangulación pasando la cuerda entre los dos postes en el lado derecho y después vuelves a subir entre ellos hacia la izquierda.

Esto debería ser difícil de hacer ya que las vueltas de amarre quedaron firmes.

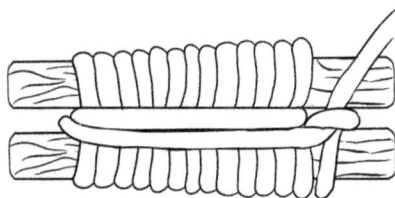

Finalmente, haz dos ahorcamientos y termina con un ballestrinque alrededor de un extremo de uno de los postes.

Comentario: Puedes colocar cuñas entre los dos polos en lugar de hacer ahorcamientos.

Amarre de Trípode

Un amarre de trípode es lo mismo que uno paralelo, pero con vueltas de amarre y ahorcamiento más sueltas, sólo debe separar los postes para hacer una forma de trípode.

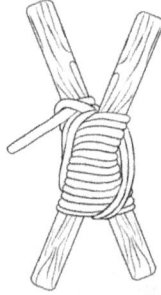

TÉCNICAS DE CUERDAS DE SUPERVIVENCIA

Los métodos descritos en estos capítulos adicionales hacen uso de algunos de los nudos descritos en la parte principal de este libro; estas son técnicas que puede encontrar útiles cuando se encuentra en una situación de supervivencia.

Advertencia: Las siguientes técnicas están reservadas para situaciones de supervivencia donde no queda otra opción más que recurrir a ellas, por lo tanto, si decide ponerlas en práctica, asegúrate de tomar todas las precauciones y cuidados necesarios para garantizar su seguridad.

La siguiente información es del libro *Emergency Roping and Bouldering* (Cuerdas de emergencia y escalada en bloque) de Sam Fury.

www.SFNonFictionbooks.com/Foreign-Language-Books

DESCENSO

La técnica de rapel con solo una cuerda se conoce como el método Dolfersitz y para que esto funcione, necesitas una cuerda que sea al menos el doble de la longitud de la distancia que deseas descender y que sea lo suficientemente fuerte como para sostener tu peso.

Encuentra el medio de la cuerda, envuélvela alrededor de un anclaje sólido y asegúrate de que no se frote contra los bordes afilados, prueba su estabilidad con todo tu peso y tira de ella con fuerza.

Pasa ambos extremos de la cuerda entre tus piernas de adelante hacia atrás, y luego hacia la izquierda de tu cuerpo, sobre tu hombro derecho y bajando por tu espalda.

Para mayor comodidad (y si tienes los recursos) puedes ponerte un poco de relleno alrededor de los hombros y la ingle. Debes sostener la cuerda por delante con la mano izquierda y por detrás con la derecha, planta tus pies firmemente contra la pendiente a unos 45 cm de distancia, e inclínate hacia atrás para que la cuerda soporte tu peso y no trates de sostenerte con las manos, luego camina lentamente hacia abajo mientras bajas las manos una a la vez.

ASCENSO

La utilización del nudo prusik es un método de auto rescate utilizado por los escaladores y es una forma relativamente segura de ascender por una cuerda cuando no hay una manera fácil de salir; también se puede usar a la inversa si necesitas descender.

Los escaladores tendrán el equipo adecuado, como arneses y mosquetones, pero es probable que usted no, aun así, utilizar una cuerda con un nudo prusik y sin arnés es más seguro que intentar ascender sin usar dicho nudo.

Los arneses improvisados, o incluso solo una cuerda corta atada alrededor de la cintura con un as de guía, también pueden (y deben) hacerse si tiene los recursos suficientes para hacerlo.

Lo primero que debes hacer es crear dos lazos cerrados, estos serán tus lazos prusik. Se pueden utilizar muchos tipos de nudos para crear un lazo cerrado, pero la mayoría de ellos no son seguros de usar cuando tenemos un nudo prusik.

Los escaladores a menudo usan un nudo doble de pescador, pero una forma más rápida es usar una unión de ocho doble, ya que este tipo de nudo de unión también es más fácil de atar que un doble pescador y más fácil de desatar, incluso después de haber soportado tu peso.

Ambos lazos prusik deben estar hechos de cuerda de aproximadamente la mitad del diámetro de la cuerda que va a ascender o descender, idealmente, una cuerda será unos 20 cm más larga que usted de alta, y la segunda será el doble de su altura.

La cuerda que utilizas para tus lazos prusik debe ser lo suficientemente fuerte como para sujetarte si te caes. Esto no solo significa que puede soportar tu peso, tiene que ser lo suficientemente fuerte como para soportar la carga de choque.

Nudo de Enganche Prusik

Una vez que hayas hecho tus lazos prusik, usarás el enganche prusik para unirlos a la cuerda que deseas escalar (la línea principal).

Coloca el lazo a través de la línea principal, con el nudo de unión (unión de ocho doble) hacia la derecha, envuelve tu lazo prusik alrededor de la línea principal en el lado anudado y haz esto al menos dos veces, ya que cuantas más envolturas hagas, más fricción tendrás.

Debes apretar lentamente los lazos a medida que lo hace, asegúrate de que todas las líneas estén perfectamente una al lado de la otra, no permitas que se superpongan o se crucen entre sí. A medida que aprietes los lazos, harás todo lo posible para colocar la unión de ocho doble cerca de la línea principal.

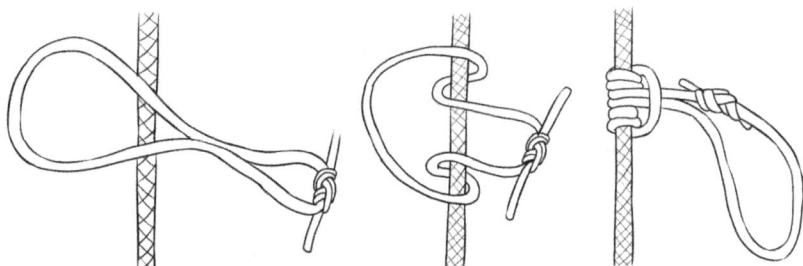

Ascender la Línea Principal Usando Lazos Prusik

Ata ambos lazos prusik en la línea principal usando enganches prusik y ata el lazo prusik más pequeño sobre el más grande. El enganche prusik funciona porque se puede deslizar hacia arriba, pero no se desliza cuando se aplica tensión hacia abajo, aunque debes probarlo bien con todo tu peso antes de usarlo para escalar.

Agrega vueltas adicionales si es necesario y une el lazo prusik superior a tu arnés.

Comentario: La fricción entre las cuerdas puede cortarlas, así que si tienes un mosquetón, úsalo, pero si no tienes, solo ten mucho cuidado de que no haya demasiada fricción entre tu arnés y el lazo prusik.

Sube el lazo prusik superior lo más alto que puedas y desliza el lazo inferior a aproximadamente la altura de la cabeza, o tan alto como puedas e incluso pon tu pie en él; una vez hecho esto, ponte de pie.

El nudo de unión del bucle prusik es la parte débil, así que mantente alejado de él, desliza el lazo prusik superior lo más alto posible y luego, sentado en tu arnés, coloca tu peso sobre él y ahora desliza tu lazo prusik inferior lo más alto posible y pon tu pie en él. Luego ponte de pie, desliza el lazo prusik superior hacia arriba de nuevo y repite este movimiento, de la misma forma, para descender, solo invierte los movimientos.

Ascender sin Arnés

Es posible ascender usando lazos prusik sin arnés, pero hacerlo es extremadamente arriesgado y consume considerablemente más energía, se necesita tener la resistencia suficiente.

Haz tus lazos más pequeños de lo habitual y ten al menos dos de ellos, preferiblemente cuatro.

Asumiendo que estás usando cuatro lazos prusik, los dos superiores son para tus manos y los dos inferiores son para tus pies, la idea es que todos estén bastante ajustados para que puedas deslizarlos hacia arriba con el mínimo movimiento.

Coloca los pies en los dos lazos prusik inferiores y agárrate a los superiores con las manos, desliza tus manos hacia arriba con los lazos prusik superiores tan alto como puedas, impúlsate hacia arriba y usa tus piernas para deslizar los lazos prusik inferiores lo más alto posible, luego levántate mientras desliza los lazos prusik superiores hacia arriba nuevamente y repite este proceso.

Freno y Sentadilla

Si no tienes ninguna cuerda para usar como lazos prusik, puedes usar el método de freno y sentadilla para trepar la cuerda.

Deja que la cuerda caiga hacia el exterior de una de tus piernas y pisa la cuerda con el pie más cercano a esta, luego coloca el otro pie debajo de la misma, esta es la posición básica. Agarra la cuerda lo más alto posible y cuélgala, levanta los pies lo más que puedas (levántate y lleva las rodillas al pecho) y colócalos en la posición básica, esta bloquea la cuerda para que puedas pararte (y descansar si es necesario). Llega lo más alto que puedas de nuevo y repite el proceso.

Escalera de Nudos

Una sucesión de nudos atados por intervalos a lo largo de una cuerda suave hará que escalar sea mucho más fácil.

Escalera de Cuerda

Una forma de hacer una escalera de cuerda es atar tantos lazos fijos (los nudos de mariposa funcionan bien) en una cuerda como puntos de apoyo y agarre.

Otra forma es usando dos cuerdas (o una cuerda doblada). Para esto, ata lazos fijos uno frente al otro a lo largo de las cuerdas y, a medida que lo haces, coloca palos (los peldaños de la escalera) en los lazos y aprieta lentamente el nudo alrededor de ellos para mantenerlos en su lugar permitiendo que los extremos del peldaño sobresalgan un poco por los lados de los nudos para que no se salgan.

Capítulos Relacionados:

- Lazos
- Enganches
- Arneses Improvisados

ARNESES IMPROVISADOS

Los arneses de cuerda improvisados pueden no ser tan cómodos, pero saber cómo hacerlos es muy útil.

As de Guía Triple

Un as de guía triple es básicamente uno hecho con una línea duplicada y produce tres lazos que se pueden usar (entre otras cosas) como un cabestrillo para sentarse o un arnés de elevación, con un lazo alrededor de cada muslo y el otro alrededor del pecho.

Para hacerlo, debes atarlo exactamente de la misma manera que un as de guía normal, usando el centro de la cuerda y no los extremos; el chicote debe sobresalir lo suficiente como para crear el tercer bucle.

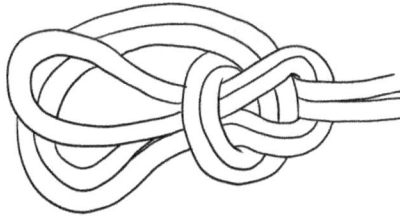

Al usar esto para transportar personas, debes tener cuidado con la presión que la cuerda puede provocar en el pecho, para esto, se puede hacer un lazo para el pie y así eliminar esa presión.

Asiento Suizo

Este es un arnés improvisado que es lo suficientemente bueno para usar cuando se hacen cosas como usar lazos prusik para la ascensión, asumiendo que no tiene un arnés comercial.

Encuentra el centro de la cuerda, haz un lazo alrededor de tu cintura y ata la primera mitad del nudo de cirujano en la parte delantera.

Pasa los extremos entre las piernas y luego debes pasarlos a través de la envoltura que hiciste alrededor de la cintura, a cada lado de la cintura y tira hacia abajo de los extremos mientras haces algunas sentadillas, esto lo apretará y ajustará la comodidad.

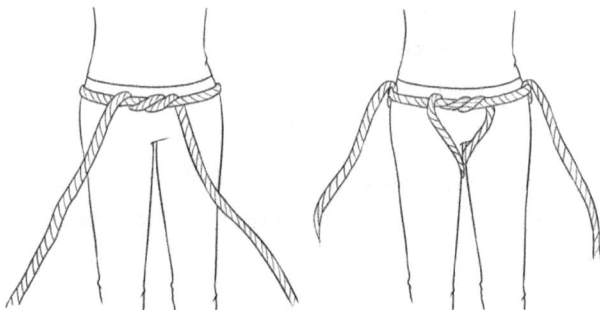

Luego, haz una envoltura completa alrededor de tu "cinturón" con cada extremo de la cuerda, debes atar los extremos juntos usando un nudo de rizo y hazlo un poco fuera del centro para dejar espacio para un mosquetón, haz medios cotes con la cuerda sobrante que va alrededor de ambos "cinturones."

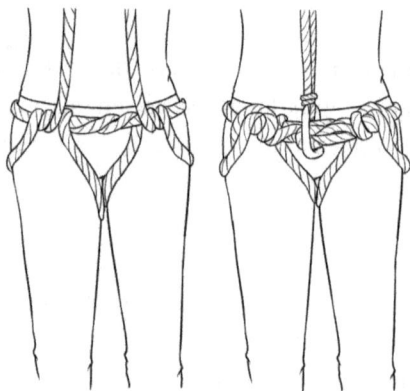

AS DE GUÍA DE AUTO RESCATE

Es bueno aprender sobre el as de guía de auto rescate en caso de que te encuentres en una situación de "hombre al agua" o algo similar. Es atar una cuerda alrededor de tu cintura con una sola mano.

Envuelve la cuerda alrededor de tu cintura para que tanto los chicotes como la parte fija o firme estén al frente, con tu cuerpo (cintura) entre ellos.

En esta demostración, el chicote está a tu derecha y debes sostenerlo tu mano derecha, dejando al menos 15 cm de cuerda más allá de tu mano. Sin soltarlo, debes pasarlo sobre la parte fija o firme para hacer un punto de cruce, súbelo a través de la brecha que se formó entre tu cuerpo y el punto de cruce, así, la cuerda quedará envuelta alrededor de tu mano.

Usando los dedos, pero sin soltar la cuerda, pase el chicote por debajo de la parte fija o firme, un poco más allá del primer punto de cruce y esto crea un segundo punto de cruce.

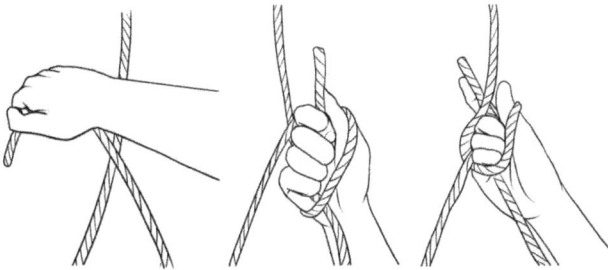

Continúa maniobrando el chicote con los dedos para que se alimente entre los dos puntos de cruce y lo hace de arriba hacia abajo.

Finalmente, debes terminar sosteniendo el chicote y, una vez que se haya logrado, saca la mano del bucle que tienes en la muñeca, acercando el chicote hacia ti y aprieta el nudo de manera firme.

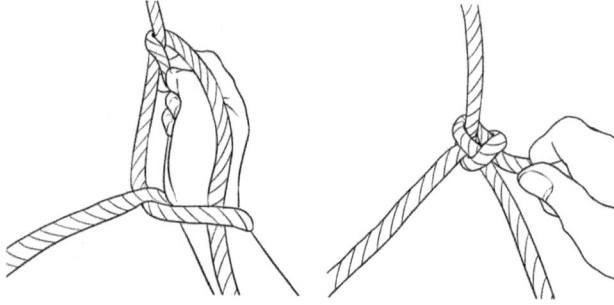

CRUZAR UN RÍO CON CUERDA

En una situación de supervivencia, cruzar un río puede ser una aventura extremadamente arriesgada, pero el uso de este método reducirá mucho este factor, aunque seguirá siendo peligroso.

Necesitas al menos tres personas y una cuerda tres veces más ancha que el río, la primera y última persona en cruzar deben ser la más fuerte del grupo y ubicando en primer lugar al más fuerte de los dos.

Ata la cuerda en un lazo grande y asegura a la persona que va a cruzar primero (persona A) a este lazo, haz un nudo de mariposa en la cuerda y ponlo sobre el pecho de esta persona.

A medida que la persona A cruza, los otros dos dan cuerda según sea necesario, deben hacer todo lo posible para mantener la cuerda fuera del agua, y estar listos para transportar a la persona de vuelta si es necesario.

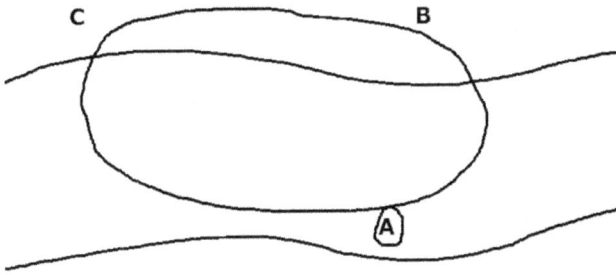

La persona A es la única asegurada a la cuerda y cuando esta llega al otro lado, se desata a sí misma.

Ahora pueden cruzar tantas personas como sea necesario (B), una a la vez, asegurándose a la cuerda y cruzando.

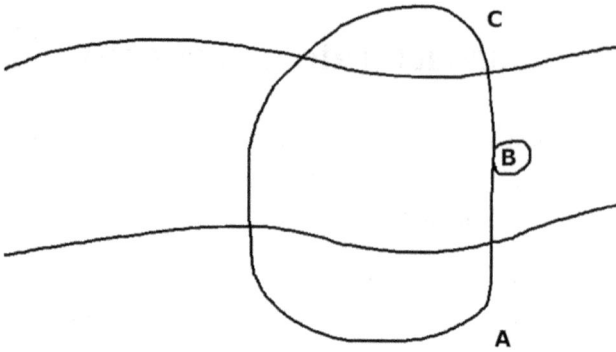

Aunque varias personas pueden ayudar mientras otras cruzan, la persona más fuerte (A) debe soportar la mayor parte de la tensión al estar lo más cerca posible de la persona que cruza.

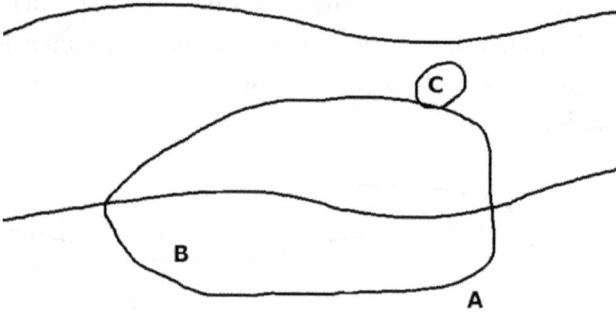

HACER UNA RED DE ENMALLE

La construcción de una red de enmalle requiere mucho tiempo y recursos, pero es muy eficaz para capturar vida marina o aves cuando se está en una situación de supervivencia.

Ata una línea de suspensión entre dos árboles para que puedas trabajar, consigue una gran cantidad de trozos de cuerda y debes atarlos a la línea de suspensión utilizando enganches de vaca con un espacio de 10 cm de distancia entre ellos. Luego ata las líneas separadas entre sí utilizando nudos por encima y haz espacios entre ellos verticalmente, a unos 10 cm de distancia.

También se puede atar otra línea entre los árboles como una guía y puedes usarla para asegurarte de atar los nudos de unión a la misma altura.

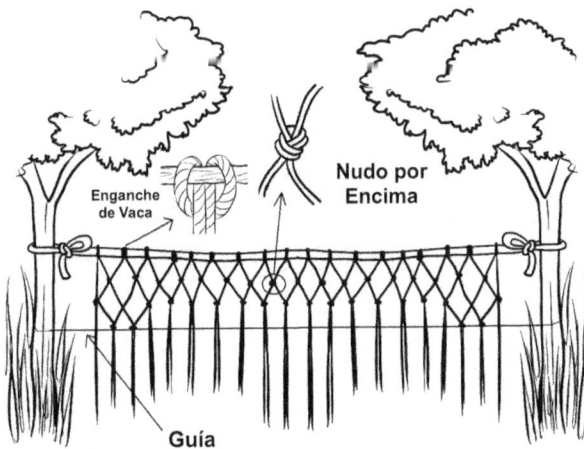

Una vez que hayas terminado, puedes colocar flotadores en la parte superior y pesas en la parte inferior, esto mantendrá la red en dirección vertical en el agua.

Estira la red de enmalle a través de un río, será más eficaz en aguas tranquilas, como un lago (cerca de la entrada y la salida son buenas ubicaciones) o en el remanso de un arroyo grande.

La red branquial lo atrapará todo, así que no lo despliegues por mucho tiempo, por otra parte, cuando estés en mar abierto, pasa la red de enmalle debajo de la quilla de tu balsa o bote de extremo a extremo, esto atrapará lo que sea atraído por el refugio que se creó con tu embarcación.

FABRICAR CUERDA

La cuerda (soga, cordel, etc.) es extremadamente útil y se puede improvisar a partir de muchos materiales diferentes, incluyendo tela, sedal y cordones de zapatos.

Cuando este tipo de elementos no se encuentran disponible (o no estás dispuesto a sacrificarlos), entonces otros materiales comunes se pueden transformar en una cuerda y los más adecuados incluyen:

- Pelo de animal.
- Corteza interna (cedro, castaño, olmo, nogal, tilo, morera y roble blanco funcionan bien). Triturar las fibras vegetales de la corteza interna.
- Tallos fibrosos (madreselvas y ortigas funcionan bien).
- Hierbas.
- Palmeras.
- Juncos.
- Tendón (tendones secos de caza mayor).
- Cuero crudo o sin curtir.
- Vides (las vides fuertes se pueden usar sin ninguna otra preparación, pero las fibras vegetales hiladas serán más duraderas).

Fabricar Cuerda a partir de Material Vegetal

Cuando pienses que tienes un material vegetal adecuado, debes ver si puede soportar las siguientes pruebas.

Comentario: Las fibras rígidas se pueden ablandar al vapor o remojarlas en agua.

- Tira de los extremos en direcciones opuestas.
- Debes doblarlo y enrollarlo entre tus dedos.
- Haz un nudo en él.

Para convertir el material en cuerda debes trenzarlo. Primero, debes reunir un montón pequeño de dicho material y dividirlo por la mitad, rotando una de estas mitades antes de recombinarlas, esto garantiza una consistencia uniforme en tu cuerda.

Consigue un montón del material, dependiendo del grosor que quieras obtener en tu cordaje/cuerda, y anúdalo en un extremo, luego divide el lado restante de dicho montón en dos secciones pares y gíralos en el sentido de las agujas del reloj para crear dos mechones.

Posteriormente, gira uno de estos mechones alrededor de la otra en sentido contrario a las agujas del reloj y átalo el extremo para evitar que se deshaga.

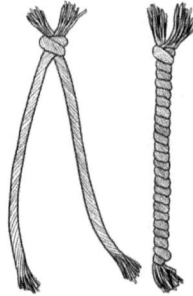

Puedes unir trozos más cortos uniéndolos, esto puedes hacerlo girando los extremos de los mechones juntos mientras están todavía separados en dos, antes de trenzarlos en sentido contrario a las agujas del reloj. Trenza un manojo pequeño cada lado (para cada uno de los mechones) y luego continúa haciéndolo como antes, puedes hacer esto tantas veces como desees, hasta que obtengas la longitud deseada de la cuerda.

Las cuerdas más gruesas se pueden hacer usando manojos más grandes de hierba o trenzando varias cuerdas juntas.

Fabricar Cuerda a Partir de Material Animal

En una situación de supervivencia, puedes tener la suerte de cazar animales y sin desperdiciar nada, ya que el tendón es un material excelente para fabricar amarres pequeños. Retira los tendones de los animales de caza, ponlos a secar y, una vez que estén completamente secos, debes martillarlos hasta que queden fibrosos.

Agrega un poco de humedad para que puedas enrollar las fibras, aunque también podrías trenzarlas, lo que hará un producto más fuerte; el tendón es pegajoso cuando está mojado y se endurece cuando está seco, por lo tanto, puedes pegar objetos pequeños mientras el tendón está mojado, y como se pone duro al secarlo, el uso real de nudos no es necesario, pero cuando la tarea es demasiado grande para el tendón, se puede usar cuero crudo.

Quita la piel de cualquier animal de caza que sea de mediano a grande y debes limpiarla muy bien, asegurándote de que no quede grasa o carne, aunque no hay problema si queda pelo/pelaje y debes secarla completamente.

Si hay pliegues que captan la humedad, tendrás que estirar la piel y una vez que esté seca, córtala en una longitud continua de 5 mm a 10 mm de ancho. La mejor manera de hacerlo es comenzar en el centro de la piel y cortar hacia afuera en círculos, expandiendo la espiral a medida que avanza. Para usar el cuero crudo, debes remojarlo hasta que quede suave, esto generalmente toma de dos a cuatro horas; úsalo mojado, estíralo tanto como puedas mientras lo haces y deja que se seque.

Capítulos Relacionados:

- Amarres

LANZAR LA CUERDA

Saber cómo lanzar la cuerda correctamente aumentará en gran medida la distancia de lanzamiento; en la mayoría de los casos, debes apuntar a lanzarla más lejos de lo que crees que es necesario y si tienes la intención de quedarte con un extremo de la cuerda (que suele ser el caso), no olvides dejarla asegurada a algo.

Comentario: Incluso cuando se lanza toda la cuerda a alguien, es una buena idea asegurar un extremo; si tu lanzamiento no elimina el obstáculo, puedes devolver la cuerda, y si lo hace, puedes desatarla y tu amigo puede tirarla.

Ata un peso o varios nudos sobre el extremo que vas a tirar, enrolla la mitad de la cuerda en la palma de tu mano derecha y el resto en tus dedos, párate en un extremo para asegurarlo, o átalo a algo, toma los pliegues que hiciste en tus dedos con tu mano izquierda y al lanzar, suelta los pliegues de la derecha una fracción de segundo antes de la izquierda.

Al lanzar una cuerda pesada sobre una rama, debes tener cuidado si se balancea hacia atrás.

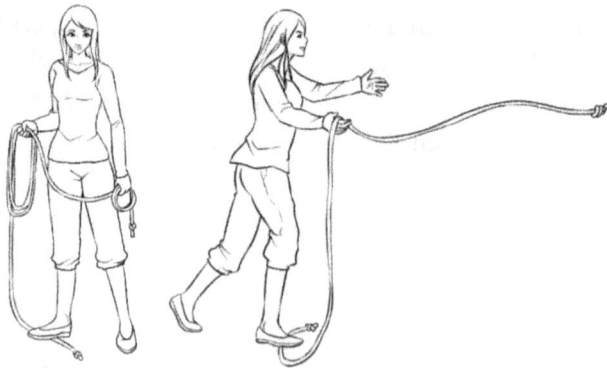

REFERENCIAS

Brayak, D. Keenan, T. (2007). *Coopers Rock Bouldering Guide (Bouldering Series)*. Falcon Guides.

Budworth, G. Dalton, J. (2016). The Little Book of Incredibly Useful Knots: 200 Practical Knots for Sailors, Climbers, Campers & Other Adventurers. Skyhorse.

Emerson, C. (2016). *100 Deadly Skills: Survival Edition*. Atria Books.

Hanson, J. (2015). *Spy Secrets That Can Save Your Life*. TarcherPerigee.

Hanson, J. (2018). *Survive Like a Spy*. TarcherPerigee.

Jarmin, C. (2013). *The Knot Tying Bible: Climbing, Camping, Sailing, Fishing, Everyday*. Firefly Books.

Jäger, J. Sundsten, B. (2014). *My First Book of Knots: A Beginner's Picture Guide (180 color illustrations)*. Sky Pony.

Wiseman, J. (2015). *SAS Survival Guide*. William Collins.

RECOMENDACIONES DEL AUTOR

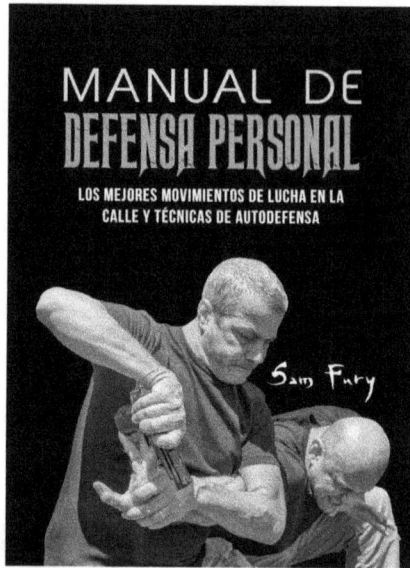

¡Aprende la defensa personal por ti mismo!

Este es el único manual de entrenamiento de autodefensa que necesitas, porque estos son los mejores movimientos de lucha callejera.

Consíguelo ahora.

www.SFNonFictionbooks.com/Foreign-Language-Books

ACERCA DE SAM FURY

Sam Fury ha tenido una pasión por el entrenamiento de supervivencia, evasión, resistencia y escape (SERE) desde que era un niño creciendo en Australia.

Esto lo condujo a dedicar años de entrenamiento y experiencia profesional en temas relacionados, que incluyen artes marciales, entrenamiento militar, habilidades de supervivencia, deportes al aire libre y vida sostenible.

En estos días, Sam pasa su tiempo refinando las habilidades existentes, adquiriendo nuevas habilidades y compartiendo lo que aprende a través del sitio web Survival Fitness Plan.

www.SurvivalFitnessPlan.com

amazon.com/author/samfury

goodreads.com/SamFury

facebook.com/AuthorSamFury

instagram.com/AuthorSamFury

youtube.com/SurvivalFitnessPlan